Martin Szegedi

VENTIL

VENTIL

Martin Szegedi

Bibliografische Information der Deutschen
Nationalbibliothek: Die Deutsche Nationalbibliothek
verzeichnet diese Publikation in der Deutschen
Nationalbibliografie; detaillierte bibliografische Daten sind im
Internet über dnb.dnb.de abrufbar.

Herstellung und Verlag: BoD – Books on Demand,
Norderstedt

ISBN: 978-3-7583-0557-3

Für Mathias Dengel*

*Eine lebendige Bibliothek, bunt gespickt mit altherkömmlichen „Perlen".

Inhalt

VII

VIII

VERFÜGEN

Es wär eigentlich so toll,
könnt' mich 'ne Mutter wie ein Kind
führen bis hin jenseits vom Zoll,
den wir dem Leben schuldig sind.

Die vielen äußeren Zwänge
geben uns Halt, Stabilität.
Ob's dem der flieht aus ihrer Strenge
dann auch wohl besser geht?

Denn es folgt ihm das Ungewisse:
nicht WIR verfügen auf der Erd'
über unsere Bedürfnisse.
Sondern es ist umgekehrt.

VERZICHT

Ich gehöre zu den Strenger'n
die meiden möchten manche Panne:
statt das LEBEN zu verlängern,
dann eher die Gesundheitsspanne.

Denn die Qualität
kommt immer vor der Menge,
ich leb lieber auf Diät
bevor ich schlag über die Stränge.

Das geht mit Maßhalten einher
wenn man sich danach kann richten,
zumal es vielen wohl fällt schwer
freiwillig zu verzichten.

Doch wer den Mangel hat erlebt,
hält das Wenig für Genug,
und ist bei weitem nicht bestrebt
es zu betrachten als Entzug.

AKZENT

Vom Osten in den Okzident
musste ich mal aufbrechen.
Und auch heut noch
wenn ich nicht muss sprechen,
SCHWEIG' ich sogar mit Akzent!

Davon kann ich nicht ablenken
bis dass man mich trägt zu Grabe,
denn ich habe keine Gabe
für rein liberales Denken.

So schweig' ich lieber wenn man spricht
von Demokratie und Freiheit,
das lernte man zu meiner Zeit
nicht gänzlich im Unterricht.

Heute ist es irgendwie,
auch wenn es halt wird empfohlen,
etwas spät es nachzuholen
und noch in eigener Regie.

Doch das Dichten kann mir stützen
das Denken. Drum gehe ich cool,
zu mir selbst stets in die Schul'
und hoff ich bleibe nicht sitzen!

FRAGEN

Manchen Streit schafft aus der Welt
auch ein kluger Schlichter,
vor Gericht werden harte Urteile gefällt –
doch wer richtet die Richter?

Die bringen einen ins Gefängnis,
dort gibt es seltener Gelächter
und man gerät leicht in Bedrängnis –
aber wer bewacht die Wächter?

Die Polizei ist Freund und Helfer
und unser guter Schutz dabei,
bis zum Einsatz der Wasserwerfer –
wer schützt uns dann vor der Polizei?

P.S.

Oh, ja: Polizei, dein Freund und Helfer
bei allen Gesellschaftszwisten!
Bis zum Auftritt der Steinwerfer –
wer schützt dann die Polizisten?!

FROST

Mensch! Heut' friert einem
auch der Atem ein!
Dieser Winter wird uns nicht verschonen,
ich hab' schon Halluzinationen:

ich rieche Glühwein!

AUSSTIEG

(gestützt auf Fakten aus den Medien)

Nun ist man endlich bereit:
weg mit Atom und Kohle!
Es musste halt kommen so weit,
der Umwelt zum Wohle.

Doch sind wir noch nicht über dem Berg.
Gäbe es mal zu wenig Strom
nach dem Verzicht auf Atom,
droht mancher Fabrik oder Stahlwerk

dass sie vom Netz werden genommen.
Besonders im nächsten Jahrzehnt
könnte wohl so was vorkommen,
weil man auch Kohle nicht mehr verbrennt.

Außer es wird jedes Ziel – dank Glück –
erreicht in der „Erneuerbaren" Sphäre.
Doch liegt man weit hinter dem zurück
was eigentlich halt nötig wäre.

Doch auch im Fall dass man erreicht
alle gesetzten Ökostrom-Ziele,
gibt's einen Engpass für viele,
den man nur mit Importen ausgleicht.

Der Ausstieg aus der Kernenergie
klappt nur dann wenn der Franzos'
mit seinen Reaktoren irgendwie
stets genug liefert, vorbehaltlos.

(2023)

14

ANGLEICHUNG

Das lässt sich nicht vermeiden:
das Schwarze Schaf, vor dem Vergreisen,
wird schlauer
und immer grauer –

so ist es von den weißen
kaum noch zu unterscheiden!

AUSHILFSKRAFT

Geht dir der Haushalt auf den Wecker,
spring ich gern ein in die Bresche
und als Gelegenheitsvollstrecker
erhänge ich manchmal die Wäsche.

Meine Chipsbratkartoffeln
schmecken nicht nur dir am besten.
Und ich kann auch die Pantoffeln
putzen von den Dreckresten.

Doch seit dass wir Auto fahren,
hat man meist saubere Schuh'
und so wie wir sie aufbewahren,
habe ich von dem her Ruh'.

Müll und Gelben Sack hingegen,
bring ich regelmäßig weg,
Brötchen mit Lachs zu belegen
ist für mich ein Privileg.

Um nicht zu gelten als Nichtstauger,
geh ich am Wochenende immer
auf Reisen – mit dem Staubsauger
durch alle unsere Zimmer.

Dass ich gut komme voran,
bräuchte ich noch unbedingt
für das Nichtstun einen Plan –
damit auch das bestens gelingt!

DAS PENDEL

Heut bricht mal nicht die Welt zusammen
wenn ich dusche,
es ist genau mitten in der Woch'.
Und schon wieder hab ich Angst
dass wegen dem neuen Gel,
ich mir den Teint verpfusche.
Drum verwend' ich es ausgiebig
nur an den Stellen wo die meisten reibt das Joch.

Ich bin halt ein Naturbursche
obwohl auch schon zu einem Teil verseucht
bis ins Hirn hinein.
Mit einem Aug' lach ich mich aus
wann ich mit mir bin allein,
das andere ist ein Biotop
das meist ist feucht.

Meine Frau rechnet stets aus
den Schnitt von diesen zwei Extremen
zwischen denen mein Kopf
hin und her schwingt wie ein Pendel,
und mir dann zeigt
welchen Weg ich hab zu nehmen
um in diesem Wald
von Geschmacks- und Geruchsverstärkern
nicht zu weit abzukommen
von der eigentlichen Erdbeer' und Lavendel.

-"Gepriesen sei der Joghurt
wegen seiner Erdbeer'!"
hatte ich mal ausgerufen
und meine Tochter: „Es lebe die lila Kuh!"
Ich musste meine Erfahrungen vom Land
um einiges zurückstufen,
sonst hätt' ich nie mehr gefunden meine Ruh'.

Wir haben die Natur in manchem überholt
aber nicht in den maßgebenden Kurven,
die sich nicht messen lassen
an einem prächtigeren Haargold
oder an dem wie stilvoll wir im Internet surfen!

(2004)

18

SYSTEMAUSWUCHS

Krankenhäuser haben es nicht leicht,
sie müssen sogar GEWINN machen,
nicht nur über Kranke wachen –
erst dann ist ihr Ziel erreicht.

Und das auch noch auf dem Rücken
der Allerschwächsten aus dem Volk,
die manche ihr Heil in Fabriken
verloren, für DEREN Erfolg.

Der Mensch – zu oft Mittel zum Zweck?
Dann zählt er, als solcher, kaum mehr.
Nur wenn er auf seinem Weg,
der Geldschöpfung sich nicht stellt quer.

So stimmt er zu mancher OP
die man hätt' können vermeiden:
man ist bereit für das Budget
der Kliniken auch mal zu leiden.

Hauptsach' wir haben im Gesetz
fest verankert das Tierwohl
und im Handel einen stets
günstigen Preis für Alkohol!

P.S.
Krankenhäuser gehören
in die öffentliche Hand,
das ist nicht extravagant
und dürfte Vernünftige nicht stören.

(2019)

19

MEIN GENERATIONENVERTRAG

Außer dir, Liebste,
belastete ich niemanden mit Problemen:
Menschen nicht und auch keine Behörden
und werd' mich
auch weiter entsprechend benehmen.

Drum hoff' ich nicht so alt zu werden
dass ich mich
vor den Jungen noch muss schämen!

ÜBER SELBSTIRONIE

Wer nicht auch über sich selbst lacht
wird leichter besiegt.
Er wird sich schwerer erheben können
wenn er,
     vom Leben fertiggemacht,
mal am Boden liegt.

Man muss sich selbst auf den Arm nehmen,
so erfährt man was man wiegt.
Wer auch andre Arten
von Gewichten wird stemmen,
kann auch dabei prüfen
ob sein Rückgrat sich verbiegt.

(2003)

EIGENSCHAFT

Schon immer warst du derart nett
dass man's nicht kann vergessen,
du hast das Eheglück im Bett
nicht nach der Länge gemessen.

Das Maßband diente dir
allein für das Zuschneiden,
und nicht auch noch dafür
andre Frauen zu beneiden.

Du warst mit mir zufrieden
und meinem Inventar.
Männer sind halt verschieden –
und ich... auch strapazierbar!

GEBLICKT

Nun fahre ich wieder empor
all meine Antennen,
im Schreiben stell' ich mich mir selbst vor –
Unbekanntes lern' ich gerne kennen.

Nur dauert es bis ich mich gewöhne,
nach Innen zu schau'n mit dem Fernrohr.
Ach, käme doch das Reife und das Schöne
gemeinsam etwas häufiger vor!

Dann wäre ich davon entzückt.
Doch brauch ich zum träumen
auch so kein Rezept:
ich habe es schon längst geblickt
ab wann man am Leben vorbei lebt!

MIGRATION

Menschen wandern seit es sie gibt,
weil sie eigentlich auf Frieden
oder ein leicht'res Leben hoffen.
Auch wenn nicht jeder Weg ist offen,
hat man sich dafür entschieden
weil man halt die Freiheit liebt.

Ohne Migration
gäbe es die Welt wohl nicht
so wie wir sie kennen.
Das muss man halt noch sagen können
ignorierend jede Rücksicht,
denn alle haben was davon.

Mit den Menschen wandert alles:
Know-how, Sprache, Kapital,
Religion, Tiere und Pflanzen.
So dass man im großen Ganzen,
auf dem Globus überall
nicht beschränkt bleibt auf Lokales.

Nur dass mit den Genen mitzieht
dann noch manche Krankheit,
sollte nicht unerwähnt bleiben.
In der Menschheit buntem Treiben
muss man gefasst sein alle Zeit
dass Unerwünschtes auch geschieht.

PROTHESEN

Ohne die „Dritten" geht es noch,
man kann sich irgendwie entfalten.
Ohne die Brille jedoch,
ist es nicht mehr auszuhalten.

Man blickt nirgendwo mehr durch
und stolpert eben vor sich hin,
wenn man wohl die kleinste Furch'
zu überwinden hat im Sinn.

Das Zahnfleisch kann man z'sammenbeißen,
die Augen ohne Sehprothesen
aber nicht so weit aufreißen
um Kleingeschriebenes zu lesen.

Auch wenn man in der Jugend Kreisen,
noch so schlau mal ist gewesen!

DIE SPANNUNG

Ich bin von einem seltsamen Schlag,
darum möge mich nur der, der mich SO mag.
Heut' werd' ich mir ein teureres Trinkwasser
leisten,
es ist zwar nicht Sonntag aber dafür sehr heiß.
Das Leben bleibt lebenswert und die meisten
wissen AUCH das was ich weiß.

Man muss nur wollen zu wissen –
der Rest kommt von selbst uns entgegen.
Ja, die Welten sind immer noch voll von Rissen,
doch dafür sind sie immer noch ein Segen

für den Erkennenden der meist ist bescheiden.
Es gibt keinen Hass ohne Liebe
und kein Glück ohne Leiden.

Sonst wär alles wie keins,
aus Gegensätzen entsteht
diese fruchtbare Spannung
die macht dass sich wölbt des Lebens Trottoir.
Nie sah der eine seine Heimat so wahr
als aus der Verbannung.

Aus der Ferne,
wo man den Abstand hat
zu sich selbst und dem Vaterland,
da erhellen besser die Sterne
was gebaut ist auf Stein oder Sand.

(2005)

26

EHRLICHKEIT

Mein Bauch, Dolores, ist kein Bauch.
Er ist nur ein Symbol:
dass ich vor Lebensfreude strotze. Und du auch.
Und dass ich mich,
            wo auch immer
in dieser Welt,
mit dir am Tisch fühl' wohl!

SPARPOLITIK

Manchem fehlt alles –
sogar der Verstand.
Doch im Falle eines Falles,
hat er was anderes zur Hand.

Etwas was man sich kann leihen,
ohne dafür was zu blechen:
es gibt kleinere Verbrechen,
die Gerichte auch verzeihen.

Das heißt, man wird schon bestraft
aber auf Bewährung.
So sieht man wie der Staat es schafft
zu sparen Obdach und Ernährung

bei den kleinen Übeltätern.
Die anstatt zu büßen,
dank ihren wohlgesinnten Rettern,
in Freiheit weiter leben müssen.

Und so die Fortbildung verpassen,
im Knast, zum Obermeisterdieb.
Darum soll man sie nicht hassen
aber auch nicht haben lieb.

Denn sie sind das Unkraut,
welches man nicht weg kann jäten
und das Aussehen versaut
unserer Gemeinschaft Beeten.

WIE GEWOHNT

Als ich in Rente daheim blieb,
stellten wir nicht um das Kochen,
als würde ich noch im Betrieb,
wie üblich bis spät malochen.

Man lebte ohne Sorgen,
weiter, wie gewohnt.
So blieb ich von den Folgen,
bei weitem nicht verschont.

Ich wurde ganz mein Opa,
von den Maßen und Gewicht her.
Nun müsst' ich
zu Fuß bereisen halb Europa
und noch mehr,

um den Pfunden loszuwerden
samt ihren Problemen -
nicht dass auch andere Beschwerden
Besitz noch von mir nehmen!

SCHÖNHEITSWAHN

Das tolerierte man früher nicht,
sonst galt man nicht mehr als vornehm:
Sommersprossen hielt man für ein Ekzem
auf des Erfolges Gesicht.

Als Modell muss man was aussteh'n
auch eben in unserer Zeit –
man hat nicht nur die Gelegenheit,
sondern sogar die PFLICHT gut auszuseh'n!

'REINGESCHMECKT

Sex? Was ist denn das schon wieder?
Die Details sind fast vergessen:
ich legte auch das Besteck nieder,
wie nach einem guten Essen.

Im Ländle ist Sex Arbeit.
Und zwar harte,
die Leistung muss auch im Bett stimmen.
Wo ich herstamm' war betont das Zarte,
doch man kann nicht ewig
gegen den Strom anschwimmen.

Man wächst über sich hinaus
wenn man trachtet sich zu integrieren:
im Schlafzimmer wird nicht geheizt.
Doch man zieht sich aus
und bei der schönsten Sache
muss man auch noch frieren!

„Hauptsache gespart" sagte ich mir
als 'reingeschmeckter Schwabe
und zog mir die Decke über's Haupt:
„aus mir wird noch was werden,
denn ich hab' die Gabe
mich reich zu fühlen wenn man mir was raubt!"

VERHÄLTNIS

Der Mond nimmt ab
und ich nehm' zu,
nur noch im Grab
findet man Ruh'.

Der Mond ist voll –
bei Malzgebrauch
wie hoch der Zoll
für einen Bierbauch?

Der Mond ist weg
und ich verschwind'.
Es kümmert andre einen Dreck
ob ich mich wieder find'.

Ich tast' nach mir
und greif' ins Leere,
mit großer Gier
ich es begehre.

Denn nur im Grab
findet man Ruh' –
der Mond nimmt ab
und ich nehm' zu.

(2018)

MITTELMASS

„Menschlich, allzumenschlich"
würde Nietzsche sagen,
lese er manches von meinen Gedichten.
Aber man kann nicht an allen Tagen
was Großes errichten.

Lieber dann halten still –
doch macht mich das so fertig,
dass ich habe das Gefühl
ich wüsste nicht mehr was ich will
und wär nicht gegenwärtig.

MAGIE

Heut' gibt's in der Apotheke
sogar PLACEBOS zu kaufen.
Und man muss dafür die Strecke
bis zum Arzt nicht mal mehr laufen.

Denn sie sind nicht verschreibungspflichtig
weil sie kein Wirkstoff enthalten,
so kann man wie man's hält für richtig,
sich auf eig'ne Art entfalten.

Maßgebend ist der Effekt
den sie wohl auslösen können,
der wird von Fachleuten belegt
und ist einem jeden zu gönnen.

Dieser basiert – nicht zu vergessen –
trotzend den vielen Haltungen,
auf gewissen Lernprozessen
und unseren Erwartungen:

ein teurer Wein schmeckt halt besser
als der billige es tut,
die Wirkung einer Medizin ist größer
hofft man dass alles wird gut.

Zweifelt man arg dran, in der Stille,
kann das ganz eindeutig eben
den Effekt einer starken Schmerzpille
nahezu komplett aufheben.

Leidenden Optimisten
nutzt ein Placebo zweifellos,
doch auch bei Depressiven, Tristen,
ist seine Wirkung gleichfalls groß.

Für wen es als hilfreicher gilt
hat man noch nicht klar 'rausbekommen –
nur dass man großen Effekt erzielt
bei pur subjektiven Symptomen.

Bei schlechter Stimmung oder Schlaf,
wenn einem nicht mehr kann gelingen,
auch wenn man Schäfchen zählt brav,
erholsam die Nacht zu verbringen.

Oder bei Ängstlichkeit wird
die körpereig'ne Apotheke
auch durch Placebos aktiviert,
der Selbstheilung zum Zwecke.

Durch 'ne geschickte Reaktion
wird Magisches in Gang gebracht,
und das hat die Evolution
Schritt für Schritt möglich gemacht.

KATA – STROPHE

Über mancherlei Stoffe
wäre vieles zu berichten,
nur kann ich schon diese Strophe
nicht mehr fertig dich

AUFPASSER

Beobachtet fühl' ich mich von jeder Seite
wenn ich was schreib'
das auch etwas soll taugen.
Dass ich nicht aus den Socken
in den Abgrund gleite,
bewachen meine Hühneraugen.

Das hat irgendwie Stil
doch nun bin ich empört:
immer
wenn ich was Lustiges schreiben will,
werde ich dabei gestö

BILDUNG

Als könnte man es kaum erwarten
nach Vollkommenheit zu streben,
beginnt das Lernen für das Leben,
schon ganz früh, im Kindergarten.

Nachher geht man in die Schul'
und merkt schon sofort im Hof,
dass man heute gilt als doof
wenn man sich nicht verhält cool.

Im Gegensatz zum Unterricht,
lernt man in mancher Pause
wie man's macht dass man zu Hause
nicht mehr nach Zigarre riecht.

Die man vorher auf dem Klo
einer dem andern hat gereicht.
Man hat es in der Schul' nicht leicht,
wie im Job später, im Büro!

Da lernt es sich fleißig weiter
wie man heimlich, unentwegt
und mit viel Geschick ansägt
der andern Karriereleiter.

Lernen müsste man beim Scheiden,
auch wenn man das Leben liebt,
wie man den Geist schneller aufgibt,
ohne mehr lange zu leiden.

Wie man sieht lernt man nie aus
für's Leben. Mir ging's umgekehrt:
mich hat das LEBEN viel gelehrt
seit ich fortzog von zu Haus'.

Und gebe mich nun zu erkennen
als einer der noch hofft zu lernen,
wie man kann greifen nach den Sternen
ohne dabei sich zu verbrennen!

VERÄNDERUNG

Kaum fragt man sich noch heute:
ist das nun wirklich oder virtuell?
Wichtig ist, die Leute
haben dabei Freude –
und das professionell!

Mir fehlt für so was das Talent,
zahl' dafür 'nen hohen Zoll
und wie ich mich auch dreh' und wend',
weiß ich nicht bei diesem Trend,
wie ich mich vor mir schützen soll.

Bevor ich mit dem Haufen mitlauf'
ins Leere oder anderswohin,
nehm' ich die Einsamkeit in Kauf,
auch wen ich mich dabei verlauf
und nicht weiß wer genau ich bin.

Vorurteile stecken an,
Rassismus ist für manchen schick,
ein anachronistischer Tick.
Für mich heißt es: steh' deinen Mann,
wenn auch bloß mit Lyrik!

SCHWÄCHE

Im Winter
trink' ich mein Bier auch mal gestaucht.
Doch nein,
bin nicht älter geworden, nur reifer.
Und manches an mir etwas steifer.

Aber nicht dort wo es braucht!

DEFIZIT

Manche möchten gern was sehen,
andere – gesehen werden,
auch wenn sie so ein Gebärden
teuer kommt zu stehen.

Aber einmal in der Mitte
der Welt sein, für fünf Minuten!
Das gleicht aus die Defizite –
jedoch allein bei den Guten.

Denn die Bösen haben keine,
sie sind selbst ein Defizit.
Auch wenn man sie legt an die Leine,
ist man nicht mit ihnen quitt.

Sie tanzen gerne aus der Reihe
und schlagen über die Stränge,
akzeptiert wird keine Enge,
wollen nur hinaus, ins Freie.

Wo sie aber andre stören
auch in Freiheit zu leben,
es wird immer solche geben
die Unruh' heraufbeschwören.

UNRAST

Trotz manchen Missständen
haben wir es doch noch gut.
Anderswo fehlt's an allen Enden,
nur muss man bleiben auf der Hut.

Und Errungenes nicht aufgeben,
Bestehendes kann besser werden.
Für ein vernünftigeres Leben
braucht man die passenden Behörden.

Die nicht überregulieren,
sondern die Umsetzung stützen
und wir keine Zeit verlieren –
Neuentdecktes kann gut nützen.

Ein Hoch auf den deutschen Geist,
der wohl ständig ist am Suchen!
So dass der Rest der Welt, zumeist,
dann AUCH Teil hat an dem Kuchen.

BESIEGT

Wann der Sexualtrieb anfängt einzuschlafen,
geht man zu Bett und bleibt lange wach,
einen wie ich
kann man schlimmer nicht bestrafen.
Nur wirkt bei uns, Liebste, die Liebe noch nach.

Man streckt
die Hand zum Partner, über's Bett,
als taste man nach den jungen Jahren,
als wir noch verrückt und nicht nur nett
zueinander waren.

Heut' liegen wir da wie erschlagen,
vom Alter für immer besiegt,
überflüssig sich noch zu fragen
ob einer den andern vielleicht betrügt.

Fast würde man es ihm aber gönnen:
beschmutzt mit Leben,
hält man auch von Ehre nicht mehr viel.
Treu zu bleiben, ohne MEHR zu können
ist das Leichteste
in diesem verlorenen Spiel.

Dass niemand jemals wird gewinnen,
außer man pfeift es frühzeitig ab
und gelangt mit wachen, erogenen Sinnen
in die geöffnete Arme von einem Grab.

Das Ende dabei verlängert,
indem man die Spielregeln umkehrt
und den Tod endgültig schwängert,
auf dass er gebärt!

ENTSCHLUSS

Wie auch immer der Tisch wird gedeckt,
Liebste,
ab heut' nehmen wir ab inhuman –
also kochst du uns von nun an,

nur noch so was was nicht schmeckt!

STELLVERTRETER

Bei den vielen befristeten Verträgen,
heiraten heute nicht mehr alle,
auch so ist die Ehe oft kein Segen,
sondern eine Falle.

Die Politik geht nach,
reagiert wohl auf manches später.
Sie ist nicht schlagfertig und, ach,
sie bräuchte für das Stellvertreter!

So wären Placebo-Mediziner,
bevor ihr Ruf wie ein See verschilft,
die viel besseren Volksdiener –
sie handeln nur zum Schein aber es hilft!

BILLIG

Motto:"Wer billig kauft, kauft teuer"

Anfangs haben wir uns zu zweit
im Wohlstand verlaufen.
Wir merkten aber mit der Zeit,
dass wir zu arm sind, um Billiges zu kaufen.

Auch wenn es wird verzerrt
geschickt, vom Werbungsnebel,
hat es in der Regel
auf Dauer keinen Wert.

Denn es hebt nicht lang und just
muss eben ein Neues her,
es ist halt wie mit dem Durst
wenn man trinkt aus dem Meer.

Den kann man so nie stillen,
sondern er wird noch größer.
Drum lieber wählen aus dem Vielen,
das Teurere – das hält gewöhnlich besser!

KÜNSTLICHE INTELIGENZ

Es gibt nun seit einer Zeit
'ne Maschine die erleichtern kann
erheblich, die geistige Arbeit,
wie der Taschenrechner es hat getan

in dem Arbeitsbereich mit Zahlen.
Da blieben dem Menschen erspart
manche mentale Qualen,
die ihm das Leben machten hart.

Küstliche Inteligenz basiert
auf einem kollektiven Wissen,
das man, was immer auch passiert,
nicht mehr möchte vermissen.

Auch wenn sie wiederholt halt
beinah' die gleiche Suppe aufwärmt,
ist sie ein Speicher von dessen Inhalt
man in gewissen Kreisen schwärmt.

Mittels dem mal irgendwann
vollbracht werden Synthesen,
aus denen dann entstehen kann,
was noch nie da ist gewesen.

Das Ende der Kreativität
läutet aber sie nicht ein:
der Mensch wird ihr immer voraus sein,
als einfallsreicheres „Gerät".

Sie wird auf der Spur ihm dicht
folgen und vieles nachahmen,
doch seine Geistesblitze nicht –
die fallen zu weit aus dem Rahmen!

JAHRHUNDERTDILEMMA

> Statt Motto: Im Jahr 2023
> stellten in der BRD über
> 250.000 Flüchtlinge einen
> Antrag auf Asyl.
>
> Die Medien

Das Problem ist klar, kann man sagen:
es gibt zu viele die nicht nur wir züchten
und nicht vor Krieg und Folter flüchten,
doch bei uns Asyl beantragen.

Man muss es mal nennen beim Namen,
was auch immer für Folgen es hat:
offene Grenzen und Sozialstaat
passen so nicht zusammen!

RASTLOSIGKEIT

für Herrn Achim Holz

Grad' die, welche ihr eigner Chef sind,
und selbst entscheiden können
wann's Zeit ist sich Ruhe zu gönnen,
schlagen dies' zu lang in den Wind.

Unternehmern fällt's oft schwer
vorübergehend loszulassen,
das geht mit dem Risiko einher
sich die Gesundheit zu verprassen.

Doch will man schließlich keine Kunden
oder Aufträge verlieren,
damit hat man sich abgefunden,
was auch immer wird passieren.

Heißen sie „Selbstständige" darum
weil sie SELBST STÄNDIG verfügbar
sein müssen – auch sonntags sogar –
in einem endlosen Kontinuum?

EMPFEHLUNGEN AN MICH SELBST

Meine strikte Stildevise:
trotz nicht geschmeidigem Sprachfluss
und manchem hinkendem Versfuß –
formuliere präzise!

Setze stets auf dein Talent
und trotz den vielen Schichten,
die Tiefe verleih'n dem Dichten –
formuliere transparent!

So dass man jedem Text,
durch die Öffnung von deinem Mund,
schauen kann bis auf den Grund,
wenn du ihn mal vorträgst.

LANGSAM ABER SICHER

Ist man eben nicht bestrebt
über sich selbst hinaus zu ragen,
wird man, um so länger man lebt,
stets kleiner – könnte man sagen.

Man sollte aus der Zeit was machen,
die uns mal wird zugeteilt
und nicht waten bloß im Flachen,
solang' man auf der Erd' verweilt.

Was nicht heißt so hoch zu springen,
aus Eifer, dass man sich noch anschlägt
den Kopf an die Decke, unentwegt,
wenn man was möchte vollbringen!

SCHONGANG

Als Rentner muss alles klappen,
denn ich hab' nun meine Ruh':
man kann mir
nichts mehr schieben in die Schuh' –
zuhaus geht man herum in Schlappen!

Aus denen fällt halt alles raus,
nichts kann mich mehr drücken.
Und man muss sich nicht mal bücken,
wenn man sie anzieht oder aus!

Ab jetzt kann ich mich schonen
wird es einmal eng,
wenn ich mich dann anstreng'
muss sich das auch lohnen.

GEMEINSAM

Es reicht dass MIR meine Frau gefällt,
ohne sie wär es im Haus trist
und hätt' sie ein Leben lang vermisst –
was immer auch denkt der Rest der Welt.

Und was auch immer auf der Erd'
einer von uns zwei wird wagen,
ist längst schon eigentlich geklärt
dass wir es gemeinsam tragen.

Was man mit dem Kopf stellt an,
wird auf die Schultern verladen.
Das Übrige muss dann ausbaden
unser Herz – so gut es kann.

ÜBERWINDUNG

(von 1993 bis 1998 litt ich an
Verfolgungswahn)

Als der erste Computer, nota bene,
einzog auch in unser Haus,
setzte ich mich, der Schizophrene,
gleich vor ihn – hielt's aber nicht lang aus.

Ich hatte wie noch nie zuvor,
den Eindruck das dubiose Wesen,
mir grad über den Monitor,
die Gedanken würden lesen.

Was teilweis möglich macht das Internet:
User geben so viel von sich Preis,
dass bald der Netzbetreiber weiß
an was man noch Interesse hätt'.

Nur damals war es noch nicht so weit.
Doch tief in meinem Gehirn
machte sich der Verfolgungswahn breit:
ich „sah" 'ne Kamera in jeder Glühbirn'.

Und auch in jeder Steckdose
ein verstecktes Mikrophon.
Ich machte mir schier in die Hose,
bei einer solchen Kontrolldemonstration.

So kam es dass ich jahrelang
mich nicht mit dem Computer hab befasst,
aus einem spontanen Selbstschutzzwang,
hatt' ich hierfür den Anschluss verpasst.

Erst nach einem halben Jahrzehnt,
als ich meiner Krankheit los war,
holt' ich was ich hatte verpennt,
gänzlich nach und unumkehrbar.

Heut' kann ich ohne Laptop nicht mehr leben,
ich möchte ihn nicht mehr geben aus den Händen.
Wohin das führt, wird sich noch ergeben –
doch schlecht glaub' ich nicht dass es wird enden!

(2023)

AUSREDE

(angelehnt an den Volksmund)

Wenn der Fuchs
nicht rankommt an die Trauben,
behauptet er sie wären sauer.
Was man ihm auch könnte glauben –

aber nicht auf Dauer!

KAUFSCHEU

Du kannst den Zeigefinger setzen
sacht auf die zugespitzten Lippen,
mich bittend nicht auszuflippen
und uns nicht wieder zu verpetzen.

Wie wir ausscheren zu zweit
und das Gewohnte ignorieren.
Wir lassen uns halt nicht verführen,
hoffend dass man uns verzeiht

wenn wir eben manchem Kaufhaus
nicht auch den Umsatz mehren.
Nicht Nötiges kann man entbehren,
sonst kommt man mit dem Geld nicht aus.

KEINE GARANTIE

Trotz anhaltenden Problemen,
sollte Deutschland weiter wagen
bis ins Detail Verantwortung zu übernehmen
und zu beantworten Zukunftsfragen.

Nicht bloß andauernd überlegen
auf was man noch verzichten soll.
Sondern die Forschung anregen
und sie ständig fördern, kraftvoll.

Ein Weg der sich halt beschränkt
auf Wind- und Sonnenenergie,
falls man drüber genau nachdenkt,
hat keine Erfolgsgarantie.

Vielleicht kann man es hinbiegen,
wenn man nah dran bleibt am Ball,
die Kernfusion in Griff zu kriegen
und sie dann einsetzt überall.

RENTNERSCHICKSAL

Ob naiv oder geistreich,
wenn man schon Rentner ist,
wieviele wissen dass sich dies' liest
vor und rückwärts, immer gleich?

Von Vorn' oder von Hinten,
sieht man eigentlich so aus:
wie einer der nur noch zu Haus',
neulich, ist zu finden.

Hinten: gewaltiges Gesäß
und vorne schwache Augen,
die nicht mehr taugen
als für ein paar SMS!

Der frisch verzahnte Mund,
leidet gelegentlich auch
an Nutzungsschwund.
Und unter dem Rumpf,
baumelt stumpf
ein Stück Wasserschlauch!

Abgeseh'n von den Anatomien
Rentner sind – von hinten oder vorn –
in den Augen der Jungen ein Dorn
und reif zum Umerziehen.

Doch auch wenn die Jugend
uns sieht als Feind,
so alt wie wir stehen hier,
sind wir ein Leben lang mit ihr,
durch das was uns trennt – vereint!

WARUM ICH KEIN VIAGRA BRAUCH

Künstliche Windschübe sind, eben,
unberechenbar für's Segeln –
drum möcht' ich lieber länger leben,

als länger vögeln!

AUSSIEDLER

Wir wurden schon von Anfang an,
als wir ankamen hierher,
eingebürgert spontan.

Doch nahm ich mir vor, primär,

in diesem Land mich wie ein Gast,
ein Leben lang aufzuführen,
mich immer wieder neu justieren,
auf dass es Vorn und Hinten passt.

Drum nehme ich mich in Acht,
wenn ich in dem was ich schreibe
auch mal Sozialkritik betreibe,
das zu machen mit Bedacht.

Und unbedingt sachlich zu bleiben.
Nicht wegen dem Spektakulären
stilistisch zu übertreiben,
um jemanden zu entehren.

Denn nicht nur DIE machen wohl Fehler
die in der Öffentlichkeit steh'n.
Bei denen kann man sie nur schneller
und viel leichter seh'n!

VENTIL

„Applaus ist des Künstlers Brot" -
das kann sogar MIR schmecken.
Doch hab' ich genug in der Not,
auch mit einem Wecken!

Hauptsache ich komm' dazu,
Zuhörern mal vorzutragen
wo den Menschen drückt der Schuh,
auch wenn keine danach fragen.

Denn ich schreib' oft
über was man nicht redet.
Als Dichter ist man ein Ventil
durch das Verdrängtes, als ob man betet,
von Innen halt nach Außen will,
lieber früher als verspätet –

bevor Verzweiflung kommt ins Spiel.

FESTSTELLUNGEN

Spitze ist Deutschland zur Zeit
nur noch bei der Steuerlast
und Energiepreisen. So weit
kamen wir in unsrer Hast.

Daran ist nicht die Ampel
sondern eher die Gro-Ko Schuld,
die erntete sogar Getrampel
wegen ihrer Ungeduld

mit der sie Sozialausgaben
wohl dort ausgeschüttet hat
wo's auch ohne hätt' können klappen
nicht zu geraten unters Rad.

Für manche unnötige Sachen
gab's Geld, 'rausfallend aus dem Rahmen,
statt das Land zukunftfit zu machen
in Zeiten hoher Steuereinnahmen.

Grundlegende Reformen halt
sind nötig bevor es ist zu spät,
die bei allen, jung und alt,
ein Wandel bewirken der Mentalität

der Fortschritt wie: Daten, KI
und Kerntechnik nicht als Gefahr begreift
sondern als CHANCE die, irgendwie,
zu rettenden Früchten mal reift!

2023

NICHT NUR EIN SCHWABENPROBLEM

In unsrer Wohnung haben wir's ge-Miet'-lich,
weil sie nicht unser Eigen ist.
Was wir zwar nicht haben vermisst,
denn bei DEN Preisen ist das üblich.

Wer kann sich wohl noch trauen,
bei den gesetzlichen Auflagen
die fällig sind in unsern Tagen,
sich was zu kaufen oder bauen?

Uns Alte kann's nicht mehr lang kränken,
aber was machen halt die Jungen?
Die werden auch durch dies' gezwungen
an Nachwuchs nicht mehr zu denken.

Und doch muss es weiter gehen,
die Hoffnung stirbt zu allerletzt,
auch wenn man sie nicht gleich beisetzt –
was noch kommt, wird man ja sehen.

(2023)

RATSCHLAG

Auch wenn man sich dabei muss quälen,
zum Abnehmen ist es rentabel
und wär deshalb zu empfehlen,

die Suppe zu essen... mit der Gabel!

VERFEHLTES HANDELN

Schon seit vielen Jahren
überschwemmt man den afrikanischen Markt,
bis nah an den wirtschaftlichen Infarkt,
mit europäischen Billigwaren.

Dann klagt man über die große Zahl
derer die von dort zu uns flüchten,
doch bleibt den aus den untersten Schichten
halt keine andere Wahl!

PARANOIA

Was der Dichter Sirius uns lehrt
ist auch im Leben wahrnehmbar:
„Der Geist ist stark aber das Fleisch schwach".
Bei mir war es lang' umgekehrt,
den MEINEN hielt wohl dreißig Jahr'
Psychopharmaka im Schach.

Denn nur wenn man die Phantasie GANZ
eindämmt, kann man vermeiden
auch Wahnvorstellungen zugleich,
unter deren akuten Prägnanz
ein halbes Jahrzehnt ich musste leiden
und das auch noch folgenreich.

Ich litt unter Verfolgungswahn:
zwei Selbstmordversuche in DER Zeit
unternahm ich, fremdgesteuert,
und ging beinahe drauf daran.
Freunde von mir gingen so weit,
dass sie mich hielten für bescheuert:

ich würde an die Meinen nicht denken
nur an meine eigenen Probleme.
Also kurz: ich wär ein Egoist.
Doch wollt' ich nie jemanden kränken
mit der Art wie ich mich benehme –
hab' eher manches eingebüßt.

Wenn man aber eine Stimme hört:
„Wenn du dich nicht umbringst sofort,
bringen wir deine Familie um!"
Dann wenn auch mancher sich empört,
begeht man lieber Selbstmord
und macht nicht lang herum!

DER FAST VERLORENE VATER

„Wehe dem der nicht auf seine Kinder hört!"
Sonst wird man reden müssen
nicht vom verlorenen Sohn sondern vom Vater.
Wie auch ich von meinem eigenen Leben betört
da steh',
benebelt von seinem Rausch
oder mit einem Kater.

Das Letzte wär mir lieber,
denn so was geht einmal vorbei.
Dafür könnt' ich auch im Bett liegen mit Fieber
und sogar eine andre wählen als MEINE Partei.

Vielleicht ist die dann besser
und löst auch mein Problem,
mich machend zum Größten Vergesser
der Eigenen Erfahrung. Gott, wär das angenehm!

Sofort würde ich Mitglied werden
und zahlen meinen Beitrag.
Für sie würde ich werben
auch im Himmel nicht nur auf Erden,
aber nur von Montag bis Freitag!

Das Wochenend lass' ich mir nicht nehmen,
nicht mal nach meinem Tod!
Man muss auch als Toter Pause machen
von den tieferen Problemen,
sonst sieht man
auch unter der Erd' statt schwarz noch rot!

Jetzt aber seh' ich bloß diese grünen Sterne
wenn wegen meinem Kind um mich wird Nacht.
Es wird hinaus gesogen
in eine unsichere Ferne,
zu schnell,
viel zu schnell,
und das ist was mir zu schaffen macht.

Denn ich wünsch' ihm
es soll auf diesem Weg
nicht SICH SELBST verlieren,
es reicht dass ich schon steh'
auf fast verlor'nem Posten.
Denn obwohl
ich den Geist des Abendlandes schätze
und für ihn bis ans End' werd' agieren,
kann ich nicht vergessen die Seele des Osten!

(2004)

BEIM ARZT

Herr Doktor,
wenn das die Heilung ist,
hatte ich kein Glück:
die ganze Therapie war Mist –

ich will meine Krankheit zurück!

DER MITTLERE WEG

Ab jetzt wo ich siebzig bin,
muss ich was ich dreißig Jahr'
verpasst habe, unabwendbar,
nachholen. Mit Disziplin

werde ich das auch noch schaffen.
Wenn mich nicht vielleicht Gott
mit einem zu frühen Tod,
doch noch wird bestrafen.

Denn seit meiner Jugend
hab' ich den Bogen überspannt,
auch wenn man's längst schon hat erkannt
dass es nicht immer gilt als Tugend.

Man müsste in der Mitte bleiben.
Mit etwas Demut vor dem Leben,
sich leidenschaftlich ihm hingeben –
aber nichts auf die Spitze treiben!

ZUKUNFTSGEDANKEN

Es gibt keine Parteien mehr
die sich nicht gut können leiden,
weil sie sich, vom Inhalt her,
kaum noch unterscheiden.

Sie können gegenseitig
sich das Programm ausborgen,
und sorgen sich gleichzeitig,
um die Welt von Morgen.

Denn es folgt der Konkurrenz
einmal die Kooperation,
das wäre eine Präferenz
und das weiß man lange schon.

Nur hat der Stärk're immer noch
in unsrer Welt das Sagen,
und der Kleine, der nicht hoch kroch,
kann ohne ihn nichts wagen.

Das heißt nicht er wär' nicht klug,
er ist oft Größern überlegen,
doch hat er nicht Mittel genug,
um global was zu bewegen.

Die Zeit dafür ist noch nicht reif,
das nimmt man ihr nicht übel:
manches Gesetz lähmt und macht steif,
der Markt ist nicht genug sensibel.

Nachfrage und Angebot
regeln das Geschehen.
Ist noch nicht groß genug die Not,
dies' zum Teil zu übersehen?

Denn manch' gefragter Bodenschatz
neigt sich zu dem End',
da wäre doch gerade Platz
für einen neuen Trend.

Doch als hätt' man nur unscharf
bislang Notwendiges gecheckt,
wird weiterhin mancher Bedarf,
künstlich, neu geweckt!

APPELL

Leute, habt ihr euer Ziel erreicht,
gönnt doch auch anderen noch was!
Auch wenn es euch nicht war leicht
und nicht verbunden war mit Spaß.

Missgunst steht wohl keinem gut,
wär' er auch noch so'n Phänomen
vor dem alle zieh'n den Hut,
ob man nun klug ist oder schön.

Oder sogar beides zusammen,
es gibt allerhand für Höh'n.
Drum sollte man keinen verdammen
der AUCH seinen Mann möcht' steh'n!

HAST

Wenn manche sich zu arg langweilen,
müssen sie sich davon ausruhn,
als würden sie sich beeilen

sogar beim Nichtstun!

ANHANG

DOPPELBODENLYRIK

(es wird empfohlen manches zweimal zu lesen)

GEBIET

Es war ein weites und tiefes Mysterium
und galt zugleich
als aufregendes Imperium:
ERLEBNISREICH.

GESCHICKLICHKEIT

Er gehörte nicht zu den Ewiggestrigen,
suchte nach anderen Zwecken,
und konnte getrocknetes Gras ängstigen
mit Heuschrecken.

Wenn auch nur aus Protest,
war er zu feiern bereit
eine Party
angesichts einer schwierigen Zeit –
KRISENFEST.

Hoffend auf ein Happy End,
entwarf er zum Schluss komplett
einen Schlafplatz für das Firmament
als Himmelbett.

DER WETTSPIELER

Er wollte sein Gesicht
unbedingt bewahren
vor dem Nudelgericht –
die Rechtsbehörde für Teigwaren.

Lang wusste man nichts davon,
nicht einmal sein Anwalt:
er ließ sich in Tabak auszahlen den Lohn
als Nikotingehalt.

Und füllte Spielscheine aus auf Vorrat,
doch bohrte er nur dünne Bretter.
Denn er setzte stets auf den selben Monat,
wie alle Aprilwetter.

TAUSENDSASSA

Er tranchierte das Fleisch mit dem Beil
geltend auch als guter Esser.
Sein bevorzugtes Besteckteil:
Neigungsmesser.

Nur musste er den Bestand aufstocken
und ein anderes Schneidgerät bestellen.
Um seiner Frau
stark zu beschneiden die Haarlocken,
zu Ultrakurzwellen.

CLEVERNESS

Sie erwarb mal beispielhaft,
mit viel Mut,
den Landsitz für eine Lebensgemeinschaft
als Ehegut.

Und erntete rechtzeitig – von Hand –
die Früchte vor der Fäulnis.
Dank urkundlicher Bescheinigung
über den Obstbestand,
dem Reifezeugnis.

KRISIS

Mit großer Rührung
las er in der Zeitung
von der geistesgestörten Leitung:
Irreführung.

Das weckte nicht nur sein Interesse,
man stand bald schon auf der Lauer,
wie Gaffer bei Nässe:
Regenschauer.

EKLAT

Um die Fans zu hindern
seine Show zu verzerren,
setzte er erfolgreich ein,
ein Körperteil zum absperren:
das Schlüsselbein.

Denn er war lange auf Tournee.
Die endete nicht ideal
mit einem hochprozentigen Einfall
als Schnapsidee.

VOM KONTINENT

Sie waren noch gut erhalten
und man konnte drauf wetten –
auf einem Erdteil lebende Balten,
Europaletten.

Viele trafen sie an überall
bei mancher großer Feier.
Doch dieser Süddeutsche auf keinen Fall:
NIEDERBAYER.

UNRUH'

Um sich den Status zu bewahren,
lernte man gediegen,
von Insekten
die per Windkraft Boot fahren,
SEGELFLIEGEN.

Denn man war von früh bis spät,
hoffend auf der Gesellschaft Heilung,
auf der Flucht vor Brutalität:
Gewaltenteilung.

DER KANDIDAT

Er stieß auf Ablehnung,
im ganzen Bereich
des Herrschaftsgebiets der Ausdehnung,
UMFANGREICH.

Das lähmte ihm die Flügel,
von einer Landschaft umgeben
derart ohne Hügel,
soeben.

Und wurde Opfer der Säuberung.
Verschwieg aber rigoros
das Schicksal einer Erläuterung –
KOMMENTARLOS.